NATIONAL GEOGRAPHIC
School Publishing

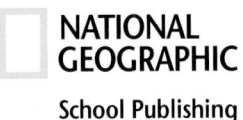

Las máquinas nos ayudan

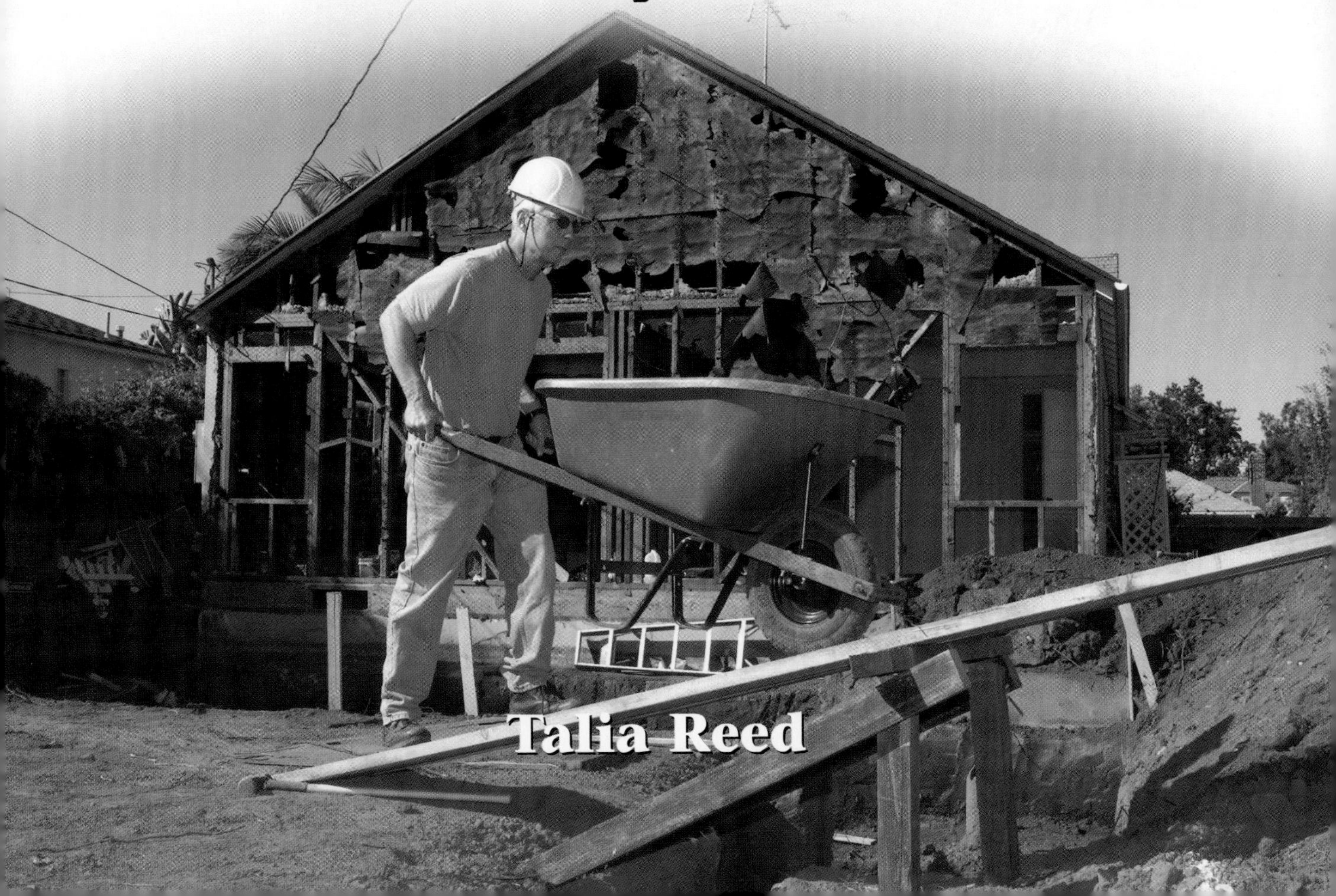

Talia Reed

PICTURE CREDITS

Cover, 3, 9, 14, Photolibrary.com; back cover, 13 (below right), 15 (below), Getty
Images; 1 (left), 5 (below right), Stockbyte Platinum/Alamy; 1 (above right), 4
(all), Ibis for Kids Australia; 1 (center), 5 (below left and above right), 12, Lindsay
Edwards Photography; 5 (above left), APL/Corbis; 6, Peter Chadwick/Dorling
Kindersley; 7, Steve Tanner/Dorling Kindersley; 8, David Young-Wolff/PhotoEdit,
Inc.; 10, Jeff Greenberg/PhotoEdit, Inc.; 11 (above), Michael Ventura/PhotoEdit,
Inc.; 11 (below), Gaston Vanzet; 13 (above left), Spencer Grant/PhotoEdit, Inc.; 15
(above), Dorling Kindersley.

Produced through the worldwide resources of the National Geographic Society,
John M. Fahey, Jr., President and Chief Executive Officer; Gilbert M. Grosvenor,
Chairman of the Board.

PREPARED BY NATIONAL GEOGRAPHIC SCHOOL PUBLISHING

Steve Mico, Executive Vice President and Publisher, Children's Books and Education
Publishing Group; Marianne Hiland, Editor in Chief; Lynnette Brent, Executive
Editor; Michael Murphy and Barbara Wood, Senior Editors; Nicole Rouse, Editor; Bea
Jackson, Design Director; David Dumo, Art Director; Shanin Glenn, Designer;
Margaret Sidlosky, Illustrations Director; Matt Wascavage, Manager of Publishing
Services; Sean Philpotts, Production Manager.

SPANISH LANGUAGE VERSION PREPARED BY
NATIONAL GEOGRAPHIC SCHOOL PUBLISHING GROUP

Sheron Long, CEO; Sam Gesumaria, President; Fran Downey, Vice President and
Publisher; Margaret Sidlosky, Director of Design and Illustrations; Paul Osborn,
Senior Editor; Sean Philpotts, Project Manager; Lisa Pergolizzi, Production Manager.

MANUFACTURING AND QUALITY MANAGEMENT

Christopher A. Liedel, Chief Financial Officer; George Bounelis, Vice President;
Clifton M. Brown III, Director.

BOOK DEVELOPMENT

Ibis for Kids Australia Pty Limited.

SPANISH LANGUAGE TRANSLATION

Tatiana Acosta/Guillermo Gutiérrez

SPANISH LANGUAGE BOOK DEVELOPMENT

Navta Associates, Inc.

Published by the National Geographic Society
Washington, D.C. 20036-4688

ISBN: 978-0-7362-3871-7

Printed in Canada

12 11 10 09 08

10 9 8 7 6 5 4 3 2

Contenido

Pensar y conversar   4

Máquinas y trabajo   6

Máquinas simples   8

Máquinas compuestas   12

Las máquinas necesitan energía   16

Usar lo que aprendieron   20

Glosario   22

Índice   24

tractor

lavaplatos

Todas estas personas están trabajando. ¿Qué usan para hacer más fácil su trabajo?

computadora

tijeras de podar

rampa

Máquinas y trabajo

Una máquina es un aparato que nos ayuda a hacer un trabajo. Las máquinas facilitan el trabajo. Sin máquinas, algunas tareas serían mucho más largas.

Algunas grúas usan un sistema de rampa y **polea** para recoger los autos averiados.

Las batidoras son unas máquinas muy útiles para hacer batidos.

Las cortadoras de césped hacen que la tarea de cortar la hierba sea más fácil y rápida.

7

Máquinas simples

Algunas de las máquinas que usamos reciben el nombre de **máquinas simples.** No tienen motores, y la mayoría de ellas no tienen partes móviles. Sin embargo, todas las máquinas simples nos facilitan el trabajo.

Hay seis máquinas simples

 Un **plano inclinado,** o rampa, facilita la tarea de mover o levantar un objeto.

 Una **cuña** corta, parte o separa cosas.

 Un **tornillo** es algo que hacemos girar para unir dos o más cosas.

Busquen las máquinas simples en estas fotografías.

9

Una **polea** se usa para subir o bajar cosas, o para desplazarlas lateralmente.

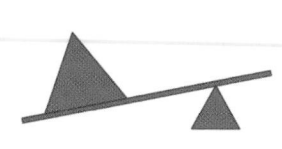

Una **palanca** facilita la tarea de mover o subir cosas.

El **eje y la rueda** es una máquina simple con dos partes. La rueda gira alrededor del eje.

Busquen las máquinas simples en estas fotografías.

11

Máquinas compuestas

Una **máquina compuesta** está formada por más de una máquina simple. Hay diferentes máquinas compuestas que se usan para tareas específicas.

Una carretilla combina ruedas y una palanca. Esta máquina compuesta facilita la tarea de levantar cajas y transportarlas.

palanca

ruedas

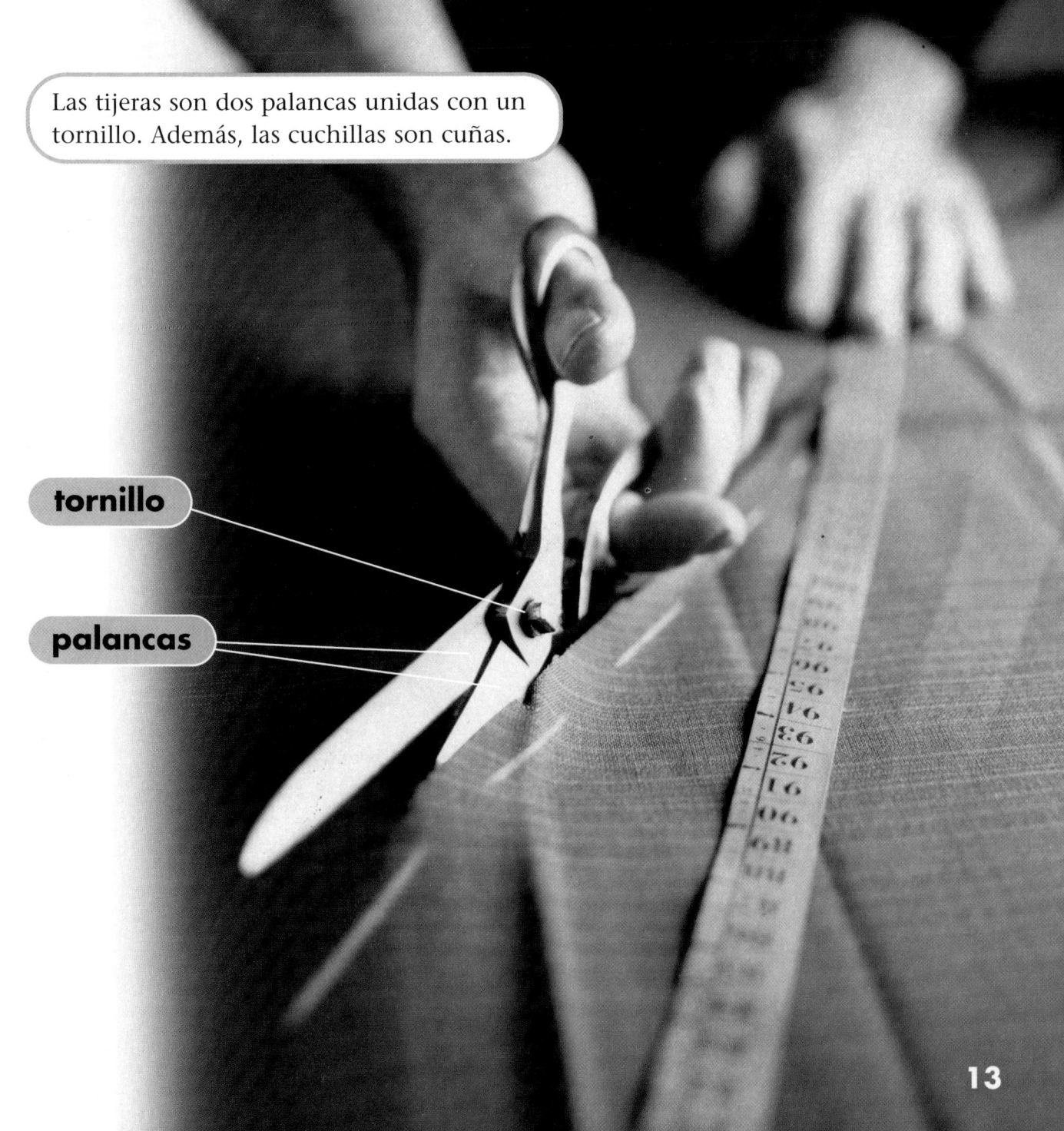

Las tijeras son dos palancas unidas con un tornillo. Además, las cuchillas son cuñas.

tornillo

palancas

13

Una bicicleta es una máquina compuesta. Tiene ruedas y ejes, y también otras máquinas simples.

El sillín está unido al bastidor con tornillos.

Los pedales van unidos a una palanca que hace girar una polea.

El cambio y el freno
son palancas.

rueda

eje

15

Las máquinas necesitan energía

Una máquina necesita **energía** para funcionar. Sin energía, una máquina no puede trabajar ni mover objetos. La energía puede proporcionarla una persona empujando o jalando.

Elevar y empujar las asas de una carretilla proporcionan la energía necesaria para que la rueda gire.

Impulsar un hacha proporciona la energía necesaria para que la cuña parta en dos el trozo de madera.

Empujar los pedales de una bicicleta proporciona la energía necesaria para mover las ruedas.

La energía puede proceder de la electricidad. También puede proporcionarla un combustible, como la gasolina que usa un auto. Dentro de la máquina, la energía hace que las diferentes partes se muevan.

Esta motocicleta usa gasolina para impulsar su motor.

Esta aspiradora funciona con un motor eléctrico.

Este robot funciona con pilas.

19

20

La gente que construye cosas usa muchas máquinas. ¿Cómo facilitan el trabajo estas máquinas?

cuña

máquina compuesta

máquina simple

palanca

plano inclinado (rampa)

polea

rueda y eje

tornillo

Glosario

cuña (página 8)
Máquina simple que se usa para cortar, partir o separar cosas
Un cuchillo es una cuña que se usa para cortar alimentos.

energía (página 16)
Calor o fuerza que se necesita para hacer un trabajo
Una bicicleta obtiene su energía cuando el ciclista hace fuerza sobre los pedales.

máquina compuesta (página 12)
Una máquina compuesta es la combinación de dos o más máquinas simples
Una carretilla es una máquina compuesta.

máquina simple (página 8)
Existen seis máquinas simples
Un plano inclinado es una de las seis máquinas simples.

palanca (página 10)
Máquina simple que facilita la tarea de mover o levantar objetos
Una palanca ayuda a levantar la tapa de una lata.

plano inclinado (rampa) (página 6)
Máquina simple con forma inclinada que hace más fácil mover los objetos
Una grúa usa un plano inclinado para mover autos averiados.

polea (página 6)
Máquina simple que se compone de una cuerda o cadena que se desplaza sobre una o más ruedas
Una polea ayuda a levantar objetos pesados.

rueda y eje (página 10)
Máquina simple con una parte móvil; la rueda gira alrededor de un eje
La mayoría de los patines tienen cuatro ruedas y ejes.

tornillo (página 8)
Máquina simple que se usa para hacer agujeros en un objeto o para unir dos objetos
El sillín va unido a la bicicleta con tornillos.

Índice

cuña   8, 13, 17, 21

máquina compuesta   12–13, 14–15, 21

máquina simple   8–9, 11, 12, 14–15, 21

palanca   10, 12, 13, 14, 15, 21

plano inclinado   8, 21

polea   6, 10, 14, 21

rampa (*véase* plano inclinado)   5, 6, 8, 21

rueda y eje   10, 12, 14, 15, 16, 17, 21

tornillo   8, 13, 14, 21

trabajo   5, 6, 8–9, 16, 21